I0698277

EL FIN DE LA CORRUPCIÓN

Vida y muerte de la corrupción

Fabián Jadán Méndez

LIBRO INTELIGENTE

Fabián Jadán Méndez – fabianjadanm@gmail.com

El fin de la corrupción

vida y muerte de la corrupción

Fabián Jadán Méndez

fabianjadanm@gmail.com

ISBN:

9798454888183

Todos los derechos reservados

Publicación en formato electrónico Julio 2021

Fabián Jadán Méndez – fabianjadanm@gmail.com

DEDICATORIA

Dedico este a todas las personas que quieren un mundo diferente, que buscan la manera de atacar la corrupción…

Espero que este libro de proporcione el camino para cambiar los momentos de corrupción que ocurren en cada día.

Fabián Jadán Méndez – fabianjadanm@gmail.com

Leonardo Fabián Jadán Méndez

Nace en la Ciudad de Cuenca en la República del Ecuador, 1973, su estudio lo realizó en la Universidad de Cuenca, Universidad Politécnica Salesiana, Universidad de Buenos Aires – Argentina, ha capacitado en diferentes países como Argentina, Perú, Cuba y Chile.

Incursiona en la política en 2016, con el partido de oposición de gobierno de ese momento en Ecuador.

Enlaces de Contacto con el Mgs. Fabián Jadán Méndez

Youtube

https://www.youtube.com/channel/UCBqwnp7rUQ8-g_KPmAw-xlg

Facebook

https://www.facebook.com/fabian.jadanmendez

Twitter

https://twitter.com/Fabian_Jadan

Instagram

https://www.instagram.com/fabianjadanmendez/

Email

fabianjadanm@gmail.com

PROLOGO

Este libro está dirigido a toda persona que desea cambiar el mundo, su país y a la sociedad, nace con la idea de tener las primeras guías para atacar la corrupción, además en la necesidad de cambiar la mentalidad de las personas, con el único fin de llegar a al ansiado progreso de toda una sociedad.

En este libro se ha dividido en 8 capítulos muy interesantes y descriptivos de como atacar la corrupción y las primeras estrategias que se deben realizar.

El capítulo 1 titulado La primera corrupción del mundo, está redactado en base al libro más vendido en todo el mundo, que tienen registrado en su página las primeras acciones corruptas, además para lo que no creen en Dios como se dio la corrupción en un momento de la evolución.

Desde el capítulo 2 al 7 describe las corrupciones existentes en la Sociedad, Política, Comunicación, Justicia, Religión y Gobierno, como se vive todos los días en cada uno de estos puntos, además las consecuencias que ocurren producto de la corrupción, y por último un plan y estrategia inicial para combatir la corrupción.

El ultimo capitulo tiene describe una serie de pasos y estrategias diferentes para atacar y conocer la corrupción, además como inicia el fin de la corrupción.

Fabián Jadán Méndez – fabianjadanm@gmail.com

El fin de la corrupción

corrupción

vida y muerte de la corrupción

Fabián Jadán Méndez

Capítulo 1

La primera corrupción del mundo

Antes de hablar de la primera corrupción en el mundo quisiera definir lo que es la corrupción. Se debe confirmar que no existe una definición clara a nivel mundial ya sea hablada o escrita que especifique claramente lo que es corrupción, ya que existen conceptos diferentes formas y en diferentes sentidos.

La corrupción podría estar dentro de diferentes instituciones o entidades, sean públicas o privadas, por ejemplo en la religión, en el gobierno, en la sociedad, en la familia o en la justicia misma, la corrupción puede estar involucrada en el deporte o en diferentes momentos de la vida cotidiana, pero yo pudiera definir la corrupción como: el uso del poder para beneficio individual o colectivo, la acción realizada para beneficio de intereses individual o colectivo, yendo en contra de libertades y derechos de la gente, produciendo un daño social, económico y hasta cultural.

Para dar respuesta a la pregunta ¿Cuál fue la primera corrupción?, se debería buscar en los registros existentes, y el libro más antiguo que podría dar estos registros sería la Biblia y dentro de esta lo encontramos en el libro Génesis del antiguo testamento, en este libro podemos ver la primera corrupción registrada que es la traición o levantamiento que hizo el arcángel Luzbel hacía Dios.

Luzbel era el arcángel más fuerte creado por Dios, sin embargo, tanta envidia de Él que convenció a un tercio de los ángeles del cielo para tratar de derrotarlo esto porque usó su poder para tratar de gobernar su existencia y la existencia de todos los seres, sabiamente Dios escogió al Arcángel Miguel para comandar a la tropa de ángeles y combatirían a Luzbel, derrotándolos completamente y luego arrogados a la tierra.

Batalla de arcángel Miguel y Lucifer

Continuando con la historia, nos trasladamos hacia la evolución de las razas humanas podemos determinar que la primera corrupción que fue realizada por la raza humana se produjo cuando el Homo sapiens destruyó la existencia del Neandertal; según los historiadores y las hipótesis determinada se ha llegado a la conclusión de que los Homo sapiens utilizaron todo su poder e inteligencia para matar a los Neandertals, robar sus recursos y destruirlos hasta extinguirlos completamente.

Neandertales y homo Sapiens

Siguiendo con la Biblia, encontramos en el nuevo testamento lo que a mi parecer fue la corrupción en su máxima expresión, ya que se reunieron, los conquistadores y conquistados, la religión y gobernantes, incluso amigos para cometer la injusticia más grande cometida contra un justo. Estoy hablando de cuando el discípulo Judas Iscariote traicionó a Jesús. Poncio Pilato representante de los romanos por evitar tomar decisiones correctas se lavó las manos, y como olvidar a los sumos sacerdotes que impulsaron a que liberarán al Barrabas, un criminal homicida, en vez de al Jesús, y todo con el fin de evitar que los cimientos de su religión fueran quebrantados. Esas serían las primeras historias que se puedan conocer como existencia de la corrupción. Existe en otras religiones historias de corrupción, pero creo que estas a mi parecer serían las más impactantes.

Traición de judas

Obviamente que, ante esa primera corrupción de Lucifer, la primera consecuencia fue su expulsión del cielo y ser lanzados hacia la tierra, ser alejados de la presencia de Dios, quien era el que le daba todo a su grandeza, perdió su poder como segundo al mando en el cielo y esperar luego ser consumidos en el fuego eterno.

Las consecuencias de la corrupción producidas en la evolución, debido a la corrupción de los homos Sapiens, fue la extinción total de los Neandertales, el consumo masivo de los recursos que existieron, la emigración de los homos Sapiens hacia el resto del mundo con sus ideas de conquista, situación que continua hasta la presente fecha. Judas, o la consecuencia de Judas hacia Jesús fue la muerte del hijo de Dios en manos de sus castigadores fue increíble las consecuencias producto de esto, ya que fue crucificado inocentemente ante las leyes de ese tiempo.

Pudiéramos hablar que el fin de las primeras corrupciones todavía no ha ocurrido, ya que según la Biblia estamos esperando la segunda venida de Jesucristo como está escrito en el libro de Apocalipsis, en donde se colocará Lucifer en el fuego eterno.

Si vamos por la evolución se puede observar que los homos Sapiens siguen en el consumo de recursos y destrucción del planeta, necesitamos que evolucionen a una nueva especie, que conserve los recursos y al medio ambiente, ya que el fin de la corrupción en este caso sería cuando se extinga la raza humana.

Sin embargo, podemos llegar a un nivel de corrupción muy bajo, como el de Dinamarca o Nueva Zelanda, países que ha alcanzado o han logrado mantener la corrupción tan baja con razonablemente se puede alcanzar, y si podemos revisar como lo lograron, Podría atribuirse tal vez, a su nivel educación, su nivel de desarrollo, y su nivel de justicia.

Los 10 países menos corruptos 2020

Capítulo 2:

El día a día de la corrupción en la sociedad.

Es evidente que cada vez que uno se despierta, desayuna y sale hacia las labores diarias y cotidianas, existe algo de corrupción cada momento, en cada paso que damos, cuando subimos al transporte público vemos la corrupción cuando existe gente que ocupan los lugares que son exclusivos para personas con ciertas capacidades especiales, sin fijarse que existe gente que lo necesita y a veces se ponen hasta molestos cuando se les indica este particular y principalmente cuando existen persona que necesitan ocupar esas sillas.

En la escuela o centros educativos, también existe corrupción y lo observamos cuando los niños encuentran la posibilidad de adueñarse de un esfero, un lápiz, una regla etc. que pertenecen a sus compañeros, cuando lo encuentran en el suelo, pudiendo reportar esto a sus docentes, esto es corrupción, pero esto no queda ahí, ya que la familia ve que los niños llegan a su casa con cualquiera de estos objetos y no les dicen nada. La corrupción en los profesores, cuando dan beneficios o preferencias hacia ciertos alumnos o a sus alumnos favoritos y les ponen mejores notas, a veces solo porque les caen bien o son familiares o tienen amistad con los padres de familia.

Corrupción en los niños

La corrupción también está en cada momento de los trámites públicos que realizamos. Un ejemplo claro de esto suele iniciar desde el momento que nos toca hacer fila y hay gente que en el vocabulario popular les decimos "hecho los pilas o los vivos", que se aprovecha de amigos para adelantarse las filas, y ahorrarse un tiempo, pero perjudicando el tiempo de las personas que si respetan y cumplen con sus obligaciones.

Hay corrupción en los individuos cuando quieren evadir los impuestos cuando quieren tener beneficios sociales, o que la administración de justicia los favorezca haciendo declaraciones falsas y así no pagar o pagar menos impuestos.

Existe corrupción cuando no se cumple con las ordenanzas municipales, desde la recolección de basura hasta el uso de suelos. Los ciudadanos conocen que las ordenanzas lo único que tratan es de mejorar el buen vivir en la sociedad, pero se quiere evadir estas responsabilidades y se saltan proceso para poder obtener beneficios propios.

La corrupción afecta de muchas formas, puedo situar sin equivocarme que afecta en el desarrollo de la sociedad, en la económica de la comunidad, en el desarrollo de buenos valores y principios. Como en el ejemplo anterior que se trató, el transporte y el uso incorrecto de individuos en los asientos para ciudadanos con condiciones especiales, esto influye ampliamente en incomodidad que produce en la sociedad, también en incomodidad hacia las personas que necesitaban el asiento.

Las incomodidades presentes en los niños del ejemplo anterior que pierden su lápiz, esferos, etc. Y como no hablar de la frustración de los niños que no en reflejado en sus notas o evaluaciones el esfuerzo realizado, esto influye en cada niño aumentando más la corrupción en la sociedad, colocando en la mente de las nuevas generaciones que la corrupción puede ser el camino más fácil para obtener lo que se desea.

Cuando no se pagan los impuestos por las evasiones comentadas anteriormente, el estado ve disminuido sus recursos, influyendo aún más en la pérdida de beneficios hacia la sociedad, como en la construcción de obras de utilidad común. En las declaraciones fraudulentas realizadas en los juicios, un ejemplo de ello sería cuando los padres declaran que sus ingresos son menores, perjudicando así las pensiones alimenticias que reciben sus hijos, o cuando utilizan las pensiones alimenticias de los mismos para su propio beneficio.

Pagar impuestos

Como no tratar sobre las ordenanzas municipales, como ejemplo está el no cumplir con el uso de suelo, y construir en lugares que no son los apropiados, y en casi todos estos casos es muy probable que al paso del tiempo se produzca la destrucción de su vivienda y los que sería aún peor la muerte de los que habitan es esta.

Se observa que la gente está aceptando la corrupción como normal y para ello les doy dos ejemplos claros, uno es la formación de pirámides de captación de dinero, estas las vemos que se forman en diferentes lugares, la falta de educación financiera de las personas les hace pensar que son legales y seguras, sin embargo el riesgo es altísimo, ya que una vez que no ingresen nuevos clientes en la base de la pirámide o cuando la cantidad de dinero que ingresa a la pirámide es menor a la que sale, esta pirámide se derrumba. Quedé sorprendido cuando en las noticias presentaban a un ciudadano que estaba enojado porque no permita la policía arrestaba a una persona que había formado una pirámide de captación de dinero.

El segundo ejemplo de esta aceptación a la corrupción por parte de la población es cuando, se comenta que cierto político es corrupto y la gente dice "lo es, pero hizo obras", he tratado de hacer comprender a la gente una analogía diciéndoles: Si en tu casa tienes una refrigeradora muy pesada, a la que no puedes mover solo, la quieres mover porque te estorba el ingreso a tu hogar, un día entran unos ladrones en tu casa te roban todas tus pertenencias, lo único que no se llevaron es la refrigeradora porque era muy pesada, pero la movieron para poder ingresar a tu casa y poderse llevar todo lo robado, entonces esto estaría bien según lo que piensas, porque hizo una obra muy importante, mover la refrigeradora.

El plan efectivo desde la familia abarcaría en primer lugar que los padres de familia estén permanentemente vigilantes de sus hijos, educándolos para que no cometan corrupción cuando se traigan objetos o útiles que no les pertenecen, así estén en el suelo, educarlos para que sepan que también es corrupción cuando pretende copiar en los exámenes, se debe conversar con ellos, que la corrupción es también un delito y además puede traer daños catastróficos hacia toda la sociedad.

Desarrollar un proceso efectivo en la que se realice un control integrado que involucre varias instituciones que puedan aportar información sobre los ingresos y gastos de un ciudadano y cotejarlos, por ejemplo, el IESS, Instituto Ecuatoriano de Seguridad Social, El ministerio de Trabajo, El SRI Servicio de Rentas Internas, esto en Ecuador y sus pares en el resto del mundo. El SRI debería colocar como norma obligaría que todas las facturas deban llar los datos completos del comprador y vendedor del servicio o bien, además que se debe comprobar las declaraciones realizadas, actuar en el caso que se encuentre fraudulencia imponiendo multas y sanciones penales.

Es muy importante que en las escuelas o centros educativos se implemente materias como: ética, corrupción y sus consecuencias, corrupción un delito, y estas sean complementadas con prácticas lúdicas que enseñe a los niños que la corrupción es un delito, que la corrupción no es normal, que las consecuencias son fatales, mostrarle las consecuencias en forma vivencial.

Por último, castigar la corrupción desde la escuela o centros educativos. Luego esta mejorar las leyes que puedan afianzar el ataque hacia la corrupción en todos los entes del estado.

Capítulo 3

La política y la corrupción diaria

Con una política bien manejada no debería haber corrupción sinceramente, pero lastimosamente en las sociedades que vivimos, principalmente en las sociedades latinoamericanas y espero que no sean así en el resto del mundo, la política es usada solo para conseguir poder, sea para cumplir con las ideologías sean estas de izquierda sea de derecha o de los tibios llamados los de centro, cualquiera de estas ideologías lo único que al parecer busca es el poder para beneficio propio; propio digo como individuos y no como sociedad.

A pesar de que la definición de política reza como la actividad que busca dar servicio hacia la población, esto no se cumple, al contrario, muchas veces se tergiversaba en cada momento y en cada instante. Lo podemos palpar, ya que desde que se comienza a ser parte de un movimiento político se observa que ciertos grupos intentan empujar hacia el beneficio propio para poder ser lanzados como candidatos propios y luego cuando ya están de candidatos ofrecen el oro y el moro hacia la sociedad sabiendo que no pueden cumplir, esto también es corrupción. Basta un ejemplo muy palpable que ocurrió en las últimas elecciones en Ecuador en las que se ofrecía $1000 para mil familias, esto representaba por lo menos un millón de votos asegurados, convirtiéndose en una manera de comprar votos en la sociedad, me pregunto ¿de dónde iba a salir ese dinero?, y pienso que la respuesta era obvia, de la misma sociedad, con el incremento impuestos, lo que haría que el costo de la vida se haga más cara, además que es un ofrecimiento imposible de cumplir.

Esta manera de actuar hace que haya corrupción en la política, destruye la sociedad desde adentro.

Política y corrupción

Más ejemplos de uso de la política encontramos a nivel internacional como vemos muchas veces los grupos de poder que gobiernan el mundo, usan la política para dominar a los pequeños países impidiéndoles su desarrollo, prestándoles dinero que se le hace difícil de pagar para luego apropiarse de sus recursos.

Las consecuencias de la corrupción en la política son realmente graves, vemos que muchos partidos políticos pierden su poder de gestión, vemos políticos que venden sus conciencias, que venden sus opiniones con el fin de tener beneficios, y hay muchísima cantidad de esos. La gente que usa la política de esta manera no ven el daño que produce en la población, solo vean las ambiciones individuales. Continuamos viendo cómo esto afecta mucho a la población, afecta tanto que la gente cree que la política es mala y no el político es el más malvado de todas las profesiones.

La política no es mala la política nos permite ver la necesidad de la gente y tratar de impulsar eso. Lo malo es que muchos políticos utilizan trampas para lograr sus objetivos no les importa haber atacado a otro político diciéndole corrupto, miserable o tal vez extorsionador, ladrones y después cuando ya están en el poder ahí sí venga nomás yo le apoyó, pero recibiendo beneficios. Se ve eso claramente en las gobernaciones en los ministerios y está pasando mucho en nuestro país Ecuador.

Sería muy difícil lograr que los políticos en nuestros países dejen de actuar de esa manera, actuando en beneficio propio y no de la sociedad, eso es muy complicado, pero sin embargo sí puede haber un plan o una estrategia, desde la sociedad para exigir ser veedores ante los políticos para que cambien sus decisiones y opiniones a beneficio del colectivo, denunciándoles. Lastimosamente vemos que en política el militante que denuncia un hecho es expulsado de las filas del partido político por haberlo denunciado. Por eso si se quiere formar un movimiento político que tenga las características de un buen gobierno a beneficio de la sociedad. Este debe tener la posibilidad de denunciarlo y no por eso ser expulsado. A nivel nacional e internacional podemos utilizar los mismos métodos, los países pueden denunciar la política de derecha o izquierda que pueda afectar a la sociedad. El narcotráfico es uno de los corruptores más grandes hacia la política, ya que han destruido muchos países, solo para utilizar a los políticos para cambiar leyes a su favor y así lograr sus objetivos de venta masiva en todo el mundo y es un cáncer que está afectando a toda la sociedad y este cáncer de narcotráfico está haciendo que la producción sea mucho más grande, que la gente acepta los beneficios producto del narcotráfico, ya que reciben muchas veces dinero por soplar, por avisar la información ante una sociedad que requieren recursos fácilmente los dominan, es una pena de que Latinoamérica está incluida en este grupo de personas que aceptan la corrupción como un beneficio y no como un crimen o delito.

Capítulo 4

La comunicación y la corrupción

Si hablamos de grupos de comunicación al hablar de medios de comunicación, como por ejemplo la televisión, la radio, el periódico ahora las redes sociales en la internet y periódicos informativos que existen, lastimosamente grupos o informativos engañan a la gente con información falta, con el fin de lograr los objetivos políticos idealistas hacia lo que ellos quieren. Recuerden que ideal o lo ideal no existe hay la posibilidad de llegar a un punto de equilibrio, pero idealistas no podemos ser, se puede llegar a impulsar con información falsa los proyectos de cada uno sea de derecha, de izquierda sea de centro o sean las minorías, sean lo que sean no se pueden influenciar en el día a día. Observamos por ejemplo radios de internet creados que siembran información falsa hacia los políticos de oposición y eso se ha visto reflejada mucho en las redes sociales y que no han podido ser controladas debido a que vienen de diferentes partes del mundo no solo de un país que está haciendo influenciado, sino de muchas partes del mundo eso tiene que terminar. Leyes debería existir claro está.

Corrupción y comunicación

Como no hablar de los youtubers o influencers mucho de ellos han logrado corromper las mentes de los más jóvenes, con el fin de obtener seguidores, a tal punto que niños y niñas, se muestran demasiado sensual, y hasta llegan a arriesgar sus vidas en retos que les piden sus influenciadores o fanes.

Todos los días y en cada momento las personas buscan la información de diferentes tipos ya sea por vía internet, televisión, radio, periódico, pero si estos presentan diferentes perspectivas o diferentes opiniones, incluso falsas estas acciones hace que la información comience a perder validez. La información llega a un punto que se puede decir que los medios son corruptos, y muchos medios no lo son, pero sin embargo tanta información falsa daña la imagen de ellos ante la sociedad, la cual comienza a dudar si lo que realmente está leyendo es falso o verdadero, llegando a destruir la misma.

Muchos youtubers e influencers están rompiendo tabús, degradando la ética y la moralidad de la sociedad, inclusive han llegado a confundir la realidad con lo virtual, para muestra un botón lo que ocurrió en Europa una niña de 12 años murió, ella siendo Influenciar se arriesgó tanto por el reto de sus fans que termino muerta.

La comunicación se tiene que evaluar o autocriticar no puede ser que el gobierno tenga que poner leyes que corten la libertad de expresión. Libertad de expresión no significa decir lo que se quiera, significa decir la verdad que toda investigación periodística que se realice por los medios de comunicación o periodistas autónomos tiene que ser basados en la verdad, ya que solo eso puede hacer libre a un país pues "la verdad os hará libres" decía un gran personaje de la historia y es así siempre la verdad hace libres a las personas, la mentira lo único que causa es caos a la sociedad, la mentira ocurre desde cualquier punto y a veces llega a destruir a personas, familias, ciudades enteras inclusive.

La creación de leyes que ponga límites, son muy necesarios, para evitar que niños o niñas participen como youtubers o influencers sería muy bueno, con multas altas a los sitios web en las que participen niños o niñas.

También se debería crear a nivel mundial los policías cibernéticos que ayuden a controlar estos temas y muchos más como trata de personas, ventas de órganos y de drogas, estos policías tendrían la potestad de arrestar a cualquier persona en el mundo y colocarlos ante jueces internacionales para su juzgamiento.

Capítulo 5

La justicia y la corrupción diaria

En la justicia cómo definición no debería existir corrupción sin embargo los administradores de justicia, no todos claro está, son los que producen el caos y la corrupción.

Los organizadores de Justicia hablemos de policías, fiscales, jueces, parlamentarios, asambleístas, diputados, legisladores etc, son las personas que más deberían atacar la corrupción, y lo lograrían si desarrollaran leyes que ataquen la corrupción.

Como ejemplo de la corrupción en la policía está desde la selección para ser parte de esta institución, se conoce que existen pagos a realizar a ciertos comandantes para que las carpetas de los aspirantes a policía sean aceptadas, esta información se conoce entre voces es difícil de ser comprobada pero existe, luego para mantenerse en los cuarteles también tiene que cancelar rubros no legales a otros comandantes, también solo los que han vivido esto lo cuentan, y con todo esto se pretende que el policía no vea este accionar como normal, como no van convertirse en corruptos, como no ver a policías que reciben coimas para no detener a una persona por delitos, como no vemos policías o agentes de tránsito que se paran en una esquina y comienzan a pedir dinero las persona que están infringiendo la ley, si dentro de su formación ya estaba implícito la enseñanza de corrupción. Existe policías que pese a todo tratan de cumplir con sus funciones de atrapar a los malos, pero en las filas ya los ven como si estuvieran locos o peor como enemigos

Otro grupo muy importante son los jueces, personas encargadas en juzgar, y sentenciar siendo los responsables de la aplicación de las leyes. Para esta función deberían ser los abogados con la mayor preparación y experiencia en el área en la que juzgan, pero esto no ocurre muchos jueces aceptan casos que no conocen o peor aún, no los estudian y dejan que el abogado defensor les coma cuento. Ejemplo de esto se ve diariamente, delincuentes con cinco, seis, siete detenciones que siguen libres, la justicia no está cumpliendo su labor.

Corrupción y justicia

Los Fiscales, un grupo también muy importante que igualmente deberían como los jueces muy preparados, capaces y con experiencia. Tenemos fiscales que no se presentan a juicios, al parecer con el fin de que el acusado salga beneficiado en el proceso legal, esto lo hacen muchas veces convencidos por los abogados para poder tener más argumentaciones, o simplemente dilatar el proceso. Vemos en la aplicación de la justicia tantas formas de dilatar los procesos como declararse enfermo, quién comprueba esas enfermedades, dirán los médicos, pero también la corrupción, muchos de estos casos han perjudicado los juicios planteados por el estado...

Si es que la sociedad no tiene confianza en la justicia, que se puede esperar del actuar de sus miembros. Yo creo que la aplicación de la justicia acorde a defender a las víctimas y no al victimario, contribuirían a mejorar nuestro sistema.

Al no aplicar correctamente la justicia los corruptos tendrían el poder, los delincuentes tendrían beneficios sobre sus víctimas, y la sociedad se vería indefensa ante esas circunstancias, ¿a qué conlleva a esto?, a que la sociedad también apunte hacia la corrupción, debido a que no pueda luchar en contra de esa corrupción, que afecte también a la sociedad aproxima a un país vecino, a toda una región, inclusive hasta todo el mundo entero.

La corrupción ya está metida en todos los organismos internacionales, en mi criterio, no creo que exista organismo donde no exista algo de corrupción, producto de la ideología, de la política, de los recursos económicos, de los beneficios de ciertos grupos económicos.

Vemos el calentamiento global hay muchos países que se apuntan a atacar el calentamiento global y otros países que tienen más poder económico que no han hecho esfuerzo suficiente para evitar la llegada de este mal, esto está perjudicando mucho a la sociedad llevándola hacia la destrucción inclusive de la humanidad tal como existe.

No sé si cambiando las leyes se pudiera atacar la corrupción desde la administración de justicia, pero si se pudiera atacar si cambiamos jueces y cambiamos fiscales que tengan o hayan tenido algún tipo de corrupción demostrada, y si se demuestra esa corrupción que el castigo sea ejemplar para ellos.

El plan de acción correcto sería primero educar a cada uno de los que van a ser parte del sistema de justicia, para ser parte integral de él. Esto significa ir a lo que quiere la sociedad atacar la corrupción. La importancia de que exista jueces valientes que denuncien a otros jueces que caen en corrupción es tan primordial como el de juzgar el accionar de esos jueces corruptos, es tan importante que permitiría cambiar un país entero.

Al igual otro profesional que cae en este análisis sería los abogados, ya que también existen abogados que presentan información falsa para que su defendido sea liberado.

Se puede pedir ayuda a los organismos internacionales para atacar la corrupción, ejemplo de estos tenemos la ONU, Organismo de las Naciones Unidas, es una de las organizaciones que ayudado a muchos países.

También pudiéramos fijarnos en los países menos corruptos del mundo, como lo hicieron, cómo lo lograron, cuál fue su plan y el camino estructurado en la educación, en la cultura, en el sistema de justicia etc.

Plan contra la corrupción

Capítulo 6

La religión y la corrupción

Imagínense que en la Biblia nos describe las corrupciones existentes en la historia del pueblo de Dios, desde el libro de Génesis donde se describe la corrupción de Caín cuando dio su ofrenda en menor cantidad.

Si vamos a la vida presente donde existe religiosos o pastores que piden a los integrantes de sus iglesias los famosos diezmos, para entender que es un diezmo, se lo define claramente cómo dar el 10 % de lo que tú ganas, y el uso de este capital será para ayudar a los pobres, que son personas que no pueden generar sus propios ingresos. El religioso o pastor puede usar este dinero para impulsar su religión, lo que si no está permitido es usarlo para enriquecerse o comprar bienes de lujo, claramente estaría robando a Dios y a los pobres.

Hay religiosos y pastores que se enriquece manipulando a sus feligreses, llegan pobres salen ricos, pero jamás ayudan realmente a la población en sí, solo han captado recursos, amenazan a sus feligreses con el castigo de Dios, pienso que ellos recibirán el castigo por el daño que están produciendo hacia la sociedad.

Corrupción y religión

Igual que en la educación, hay que cultivar a su gente sobre qué es corrupción, declarar como corrupción la captación de diezmos, si esto no se utiliza para el beneficio de la comunidad y de la gente pobre, como lo está escrito en la Biblia.

Desde la religión también fomentando hacia la sociedad diciéndole que está haciendo mal hacia los sectores que evadir impuestos es pecado y corrupción. El pecado a veces la gente no le gusta hablar de la palabra pecado como un mal, pero es un mal que está afectando, ya que daña el resto de la sociedad.

Capítulo 7

El gobierno y la corrupción

Desde que comienza el gobierno a formar sus estrategias, ya comienza a verse la corrupción, desde que se junta con aquellos opositores solo para tener más votos en el congreso o mantener la estabilidad, ya existe un tipo de corrupción.

Dar cargos a los opositores o a los aliados en el gobierno demuestra que no se quiere cumplir con lo ofrecido en campaña.

Estas posiciones del gobierno no traen beneficios hacia la sociedad, al contrario, la perjudica, cuando observamos que el gobierno se junta con aquellos a los que criticaba o con aquellos que los acusaban en campaña, eso también es corrupción, tengo unas palabras para estos hipócritas, "escoria de la sociedad".

La sociedad no puede entender esas actitudes, ni calificar cómo un buen gobierno este tipo de corrupción, no puede aplaudir estas circunstancias, no puede aceptar que un gobierno la destruya para su beneficio, eso está muy mal.

La corrupción afecta en el gobierno porque se pierde credibilidad, se pierde recursos, se pierde la posibilidad de crear oportunidades para el desarrollo de la población.

El gobierno debe recordar que esos opositores que reciben cargos en su gobierno, se convertirán en anclas o lastre para cumplir sus objetivos. Es cierto que al principio demostrarán eficiencia, efectividad, pero realmente estarán cavando un hueco para enterrar al gobierno.

Se convierte estos opositores en chivos expiatorios, no cabe aquí la frase "que a los enemigos se los debe tener cerca", ya que ellos intentarán boicotearon en todo momento, ¿y por qué? se preguntarán, porque obviamente quieran ser gobierno en algún momento, tenerlos cerca es darles los recursos para que puedan atacar al gobierno desde adentro y esto tal vez los gobiernos no se dan cuenta.

Corrupción en gobierno

Cada funcionario público y la población en general cuenta con la posibilidad de denunciar cada momento, cada instante de corrupción en que se pueda producir, mientras exista esta libertad. Usar estas denuncias como una oportunidad para mejorar, nunca para ocultar la verdad. Me llega a la mente un suceso ocurrido en cierto gobierno que creo una entidad para denuncias llamado Meritocracia que al fin lo único que logro fue tapar los actos de corrupción, ocultando la información y desapareciendo las evidencias.

Existen entidades que dentro de sus misiones está buscar los actos de corrupción y denunciarlos, pero estos también han sido corrompidos.

La mejor opción que surge es solicitar ayuda a la ONU para aplicar las directrices creadas para matar y dar fin a la corrupción en el gobierno. Pero también el compromiso fehaciente y estricto de cumplir con las directrices propuestas por la ONU. Se debe trazar un cronograma de metas, responsabilidades e indicadores para que se llegue a cumplir con los objetivos propuestos por ellos.

Con este actuar se podrá iniciar el principio del fin de la corrupción, la sociedad sentirá que la corrupción será sancionada de donde quiera que surja.

Capítulo 8

Fin de la corrupción

Realmente el fin de la corrupción se ve muy distante, pero podría llegar a niveles muy bajos como existen en algunos países en el mundo, el ataque a la corrupción tiene que venir de todos los entes, como los educativos, los culturales, inclusive se debe indagar en las actividades tradicionales, ya que mucha gente utiliza la tradición como impulsor de corrupción, mucha gente utiliza los sentimientos para impulsar la corrupción, mucha gente utiliza la justicia como impulsor de corrupción.

Si observamos los países que tienen un desarrollo aceptable, la corrupción ha bajado drásticamente, inclusive casi desaparecer por completo. En países pobres la corrupción va creciendo y contaminando a la población tal cual como el virus de COVID 19, y consigo trae más pobreza y haciendo más difícil el crecimiento del país y de la población.

Fin de la corrupción

Como venció Singapur a la corrupción

Si observamos a los países en vía de desarrollo, existen sectores, estados o provincias que han aceptado como natural pagar coimas a policías que son corruptos. Reitero nuevamente de otra manera de atacar la corrupción es que los países pobres logren crecer económicamente, además que la brecha económica entre las pobres y ricos sea acortada, pero no haciendo a los ricos se conviertan en pobres, sino haciendo que los pobres tengan los recursos, la oportunidad y el camino para poder avanzar en riqueza y prosperidad.

Pero no todo está perdido existe gente muy valiosa, que busca luchar contra este mal, tenemos claros ejemplos de ellos Luis Antonio Marrey, ex jefe del órgano anticorrupción respaldado por la OEA, que lucho contra la corrupción en Honduras, Diana Salazar convertida en la Fiscal más joven del Ecuador, El Fiscal José Domingo Pérez de Perú, la periodista Nayeli Roldán que con su plataforma Animal Político ataca la corrupción del Gobierno Mexicano y por ultimo a Mercedes de Freitas como directora ejecutiva de Transparencia de Venezuela.

Decreto la riqueza y la prosperidad que nos merecemos todos.

Agradecimiento

Quiero agradecer de una manera muy especial a mis compañeros de Best Seller 7 Generación 6, al maestro Francisco Navarro, a mis queridos hijos, Nadya y Mario, a mi esposa Marcia, y sobre todo a Dios Yo Soy.

Dios Yo Soy Decreto Prosperidad y Riqueza para todos.

El fin de la Corrupción: vida y muerte de la corrupción

Contenido

Videos

Enlaces de Contacto con el Mgs. Fabián Jadán Méndez

Youtube

https://www.youtube.com/channel/UCBqwnp7rUQ8-g_KPmAw-xlg

Facebook

https://www.facebook.com/fabian.jadanmendez

Twitter

https://twitter.com/Fabian_Jadan

Instagram

https://www.instagram.com/fabianjadanmendez/

Email

fabianjadanm@gmail.com

www.ingramcontent.com/pod-product-compliance
Lightning Source LLC
Chambersburg PA
CBHW051922250726
48659CB00002B/783